运动健康100分

ng.JianKang100Fen

杨式四十式太极拳

王卫绍 编著

人民体育出版社

图书在版编目（CIP）数据

杨式四十式太极拳 / 王卫绍编著. --北京：人民体育出版社，2020
（运动健康100分）
ISBN 978-7-5009-5739-3

Ⅰ. ①杨… Ⅱ. ①王… Ⅲ. ①太极拳-基本知识 Ⅳ. ①G852.11

中国版本图书馆 CIP 数据核字（2020）第010816号

参编人员：高 翔 丁亚丽 高 飞
郭成敏 高 绅 李梦瑶

*

人民体育出版社出版发行
北京新华印刷有限公司印刷
新 华 书 店 经 销

*

880×1230 32开本 3.75印张 90千字
2020年11月第1版 2020年11月第1次印刷
印数：1—5,000册

*

ISBN 978-7-5009-5739-3
定价：27.00元

社址：北京市东城区体育馆路 8 号（天坛公园东门）
电话：67151482（发行部） 邮编：100061
传真：67151483 邮购：67118491
网址：www.sportspublish.cn

获2016年俄罗斯“丝绸之路杯”陈式太极拳金牌、四十二式太极剑冠军

获2016年第五届澳门国际武术节杨式太极拳金牌、孙式太极拳冠军

获2016年全国武术套路冠军赛孙式太极拳金牌

参加2018年全国武术套路锦标赛（太极拳赛区）获集体项目第一名

在法国执教太极拳

在2018年中央电视台春节联欢晚会《双雄会》节目上表演太极拳

在第三届法国中华武林大会上表演陈式太极拳

杨式四十式太极拳简介

杨式太极拳，系太极拳一大流派，由清末河北邯郸永年人杨露禅，及其子杨班侯、杨健侯，其孙杨少侯、杨澄甫等人，在陈式老架太极拳的基础上发挥创编而成。杨式太极拳风格独特，拳架舒展，优美大方；动作和顺，圆活连贯；由松入柔，轻灵沉着；平正朴实，练法精简。深受大众喜爱，故而流传很广。

杨式四十式太极拳，是1988年由国家体委武术研究院组织相关专家创编而成。全套共40式（包含起势与收势），练法以传统杨式大架太极拳为蓝本，有机地保留了其中37个非重复动作，具有完全的杨式太极属性，是传统杨式大架的浓缩与升华。

此拳架势舒展大方，秀润浑圆；动作柔和均缓，顺活连贯；劲力轻灵沉稳，刚柔相兼；结构合理严谨，温厚完满。既保留了传统杨式太极拳的基本风格，又根据需要增加、调整了部分动作，且加大了左右、前后等方位的动作对称性，更为合理性，更具科学性。

杨式四十式太极拳，姿势美观，练法精湛，运动量适中，没有过高的技术难度与强度。故而好打好看，易学易练，老少皆宜，引人入胜，在以加强推广太极拳而促进全民健康的活动中，已然起到并还在发挥着非常重要的作用。

目　录

一、起势

【练法】

1. 开步站立

（1）两脚并立，身体自然站直。（图1–1）

（2）左脚向左开步，与肩同宽，脚尖向前；两臂自然下垂，两手放在大腿外侧。目视前方。（图1–2、图1–3）

图1–1

图1–2

图1–3

图1-4

2. 两臂平举

两臂徐徐向前平举，两掌高与肩平，与肩同宽，掌心向下。（图1-4）

图1-5

3. 沉肘按掌

两肘下沉，自然地带动两掌慢慢向下按至大腿外侧，掌尖向前，掌心向下。目视前方。（图1-5）

【要点】

（1）头颈自然中正，下颌微收，不可故意挺胸或收腹，精神要集中。

（2）两臂前平举时，动作要轻缓，不可紧张用力。

（3）两肘下沉带动两掌下按至大腿外侧时，要求坠肘、坐腕。

二、揽雀尾

【练法】

1. 转体抱球

身体微右转，右脚尖外撇，重心右移；左前脚掌着地，脚跟提起；同时，右掌举至右胸前，屈肘，掌心向下；左掌举至腹前，掌心斜向上。目视右前方。（图2–1、图2–2）

图2–1

图2–2

2. 侧弓左掤

左腿屈膝提起，随即向左前方迈步，先脚跟着地，然后全脚踏实，左腿屈膝侧弓；右腿伸直，成左弓步；同时，左掌向左前方掤出（即左臂平屈成弓形，用左前臂外侧和掌背向前掤出），左掌与左前臂高与肩平，掌心向里；右掌弧形按于右胯旁，掌心向下。（图2–3、图2–4）

图2–3

图2–4

3. 提脚抱球

重心右移，左脚尖内扣踏实，随即重心左移，右腿提脚上步；同时，左前臂内旋，掌心翻转向下；右前臂外旋，右掌由右向左弧形抄举于身体左侧。左掌在上，右掌在下，两掌心相对，两臂均成半圆形。目视前方。（图2–5 ~ 图2–7）

图2-5

图2-6

图2-7

4. 弓步双掤

重心移于左腿，右腿屈膝提起，随即向右前方迈步，脚跟先着地，然后全脚着地，右腿屈膝前弓，左腿伸直，成右弓步；同时，身体右转，以右前臂外侧和右掌背向前掤出，高与肩平，掌心向里；左掌置于右前臂下方，掌心向外。目视前方。（图2-8、图2-9）

图2-8

图2-9

5. 后坐下捋

右臂微伸，掌心翻转向下，掌尖向前；左掌外旋转腕，使掌心向上，掌尖向前，置于右前臂下。随即，重心后移，坐实左腿；身体微左转；两掌随转体向下、向左后方弧形捋至左腹侧，两臂弯曲。（图2–10、图2–11）

图2–10

图2–11

6. 弓步前挤

身体微右转，右掌臂屈举于胸前，掌心向里；左掌扶于右前臂内侧，掌心向外。随即，重心前移，右腿屈膝前弓，左腿伸直，成右弓步；同时，以右前臂外侧为着力点，向前徐徐挤出；左掌扶于右前臂内侧，高与胸平。目视前方。（图2–12、图2–13）

图2-12

图2-13

7. 后坐收掌

左掌沿右掌背弧形向前、向左平抹；右掌向前伸出，随即翻转掌心向下，两臂与胸同高。然后，重心后移，坐实左腿；右腿微直；两掌回收于胸前，掌心向前下方，掌尖向前上方。目视前方。（图2-14、图2-15）

图2-14

图2-15

8. 弓步前按

重心前移，右腿屈膝前弓，左腿伸直，成右弓步；同时，两掌向前按出，掌心向前，掌尖向上；两臂微屈，两肘下垂。目视前方。（图2-16、图2-17）

图2-16

图2-17

【要点】

（1）两臂向外掤时，两肘下沉，两臂均成弧形，要以“柔中寓刚”的劲力徐徐向外掤出。迈步要轻灵，落脚要平稳。身体左右移动要以腰为轴，带动两臂的摆动。掤臂、松腰沉髋和弓腿三者必须协调一致。

（2）下捋时，两肩下沉，两肘下垂，身体自然中正。左掌轻轻掤劲，右掌轻轻按劲，两手随坐腰转体下捋；臀部不可凸出。重心后移，屈膝、松腰，转体和两手下捋要协调一致。

（3）向前挤时，上体微前倾，挤的动作要与松腰、沉髋、弓腿协调一致。

（4）向前按出时，上体微前倾，两手随着松腰、沉髋、弓腿，向下、向前徐徐按出，沉肩垂肘。

（5）揽雀尾的整个动作均以腰为轴。两臂的运行，须圆活自然。腿部的前弓后坐要稳健，迈步要轻灵平稳。在做掤、捋、挤、按动作时，两脚掌不要随意扭动。

三、单鞭

【练法】

1. 扣脚摆掌

上体后坐，身体左后转，重心逐渐移至左腿，左腿屈膝；右脚内扣踏实，右腿微直；同时，两掌由前向左弧形平抹至身体左侧方，掌心仍向下，掌尖向左，高与肩平。目视左前方。（图3-1、图3-2）

图3-1

图3-2

2. 提脚推掌

重心右移，左腿屈膝提起，身体右转；同时，两掌由左向右弧形平抹至身体右侧。右掌前推；左掌置于右臂内侧，掌心斜向上。目视右前方。（图3-3）

图3-3

3. 弓步单鞭

右掌成勾手，勾尖向下；身体左转，左脚向左侧迈步，先以脚跟着地，然后全脚踏实，随即左腿屈膝前弓，右腿伸直，成左弓步；同时，左掌向左推出，掌尖向上，掌心斜向前。目视左前方。（图3-4、图3-5）

图3-4

图3-5

【要点】

（1）以腰为轴，带动上肢左右弧形平抹。

（2）左腿屈膝提起，身体不得摇摆；落地要轻灵稳健。

（3）左掌向外翻掌前推时，要与转体、落步、弓腿同时完成，不要翻掌太快或最后突然翻掌。

（4）单鞭式的全部动作，要上下协调一致。

四、提手上式

【练法】

虚步合提

重心后移，身体右转，左脚尖内扣踏实。随即重心移于左腿，右脚向左脚前迈步，脚跟着地，成右虚步；同时，两掌由两侧合举于胸前，右掌高与肩平，掌尖向上，掌心向左；左掌高与胸平，掌心向右，掌尖斜向前上。目视前方。（图4-1 ~ 图4-3）

图4-1

图4-2

图4-3

【要点】

（1）移动身体重心时，上体要平稳，臀部不可外凸。

（2）右脚跟着地时，右膝微屈。

（3）两肩放松下沉，两臂微屈，肘尖下垂。

五、白鹤亮翅

【练法】

虚步分手

身体左转，右掌向下、向左划弧，至左腹前与左掌相抱，两掌心相对；同时，右脚微向后撤步，身体重心稳于右腿。随即，左脚向右脚前迈步，脚尖点地，成左虚步；右掌向右、向上划弧形举至头右上方，掌心向外；左手按于左胯旁，掌心向下，掌尖向前。目视前方。（图5-1～图5-4）

图5-1

图5-2

图5-3

图5-4

图5-4附图

【要点】

（1）姿势完成后，胸部不要前挺，两臂上下均要保持半圆形，重心后移。

（2）右掌弧形上提与左掌下按，要协调一致。

六、搂膝拗步

【练法】

1. 转体落手

右掌向前、向下、向上划弧形运转至右侧后上方，掌心斜向上；身体右转，左腿屈膝提起；左掌由下向右上划弧形运转至右胸前，掌心斜向后。目视右后方。（图6–1 ~ 图6–3）

图6–1

图6–1附图

图6-2

图6-3

2. 弓步搂推（左）

身体左转，左腿向前迈步，先以脚跟着地，然后全脚踏实；左腿屈膝前弓，右腿伸直，成左弓步；同时，左掌向下、向左弧形搂至左膝外侧，掌心向下，掌尖向前；右掌由右耳侧向前推出，掌心向前，掌尖向上。目视前方。（图6-4、图6-5）

图6-4

图6-5

图6-5附图

3. 转体托掌

身体左转，重心前移，左脚尖外撇；右脚跟提起，前脚掌着地；同时，左掌心翻转向上。随即，右脚屈膝提起；左掌向后弧形运转至左侧上方，掌心斜向上；右掌随身体左转由前向左后弧形运转至左胸前，掌心斜向后。目视左后方。（图6-6、图6-7）

图6-6

图6-6附图

图6-7

图6-7附图

4. 弓步搂推（右）

身体右转，右腿向前迈步，先脚跟着地，然后全脚踏实，右腿屈膝前弓，左腿伸直，成右弓步；同时，右掌由左向下、向右弧形搂至右膝旁，掌心向下，掌尖向前；左掌随转体向前推掌，掌心向前，掌尖向上。目视前方。（图6-8、图6-9）

图6-8

图6-8附图

图6-9

5. 转体托掌

身体右转，右脚尖外撇，重心前移；左脚跟提起，前脚掌着地；同时，右掌翻转，掌心向上；随即，左腿屈膝提起；右掌向右后运转至右侧上方，掌心斜向上，左掌回收于右胸前，掌心斜向后。目视右后方。（图6-10、图6-11）

图6-10

图6-11

6. 弓步搂推

左腿向左前方迈步，先以脚跟着地，然后全脚踏实，左腿屈膝前弓，右腿伸直，成左弓步；同时，身体左转，左掌向下、向左弧形搂至左膝侧，掌心向下，掌尖向前；右手由右耳侧向前推出，掌心向前，掌尖向上。目视前方。（图6–12、图6–13）

图6–12

图6–13

【要点】

（1）右掌推出时，须沉肩垂肘，坐腕舒掌，上体不可前俯后倾。

（2）两脚跟的横向距离，约为30厘米。

（3）弓步、搂掌与推掌要协调一致。

七、手挥琵琶

【练法】

虚步挥抱

重心前移，右脚向前跟进半步，于左脚后落地踏实，随即重心后移，身体后坐，左脚跟着地，成左虚步；同时，身体右转，左掌向前弧形挑举于胸前，掌心向右，掌尖向上，高与鼻平；右掌向右、向里弧形举于左肘里侧，掌心向左，掌尖向上。目视前方。（图7–1 ~ 图7–3）

图7–1

图7–2

图7–3

【要点】

（1）身体要平稳自然，臀部不要外凸，沉肩垂肘，胸部放松。

（2）左掌上起时，不要直向上挑，要由左向上、向前，微带弧形。

（3）右脚跟进时，前脚掌先着地，然后全脚踏实。身体重心后移，上体半面向右转。

（4）左掌上起、右掌收回，要协调一致。

八、搬拦捶

【练法】

1. 转体搬拳

身体左转，左脚尖外撇；右脚向前迈步，脚尖外撇；同时，右掌变拳向下、向里、向上弧形向前搬出；左掌自前而下，弧形移至胸前，掌心向右，掌尖向上。目视前方。（图8–1～图8–3）

图8–1

图8–1附图

图8-2

图8-2附图

图8-3

图8-3附图

2. 拦掌打捶

左脚向前迈步，以脚跟着地；同时，右拳收回腰际，左掌向前探出。随即，左脚踏实，左腿屈膝前弓，右腿伸直，成左弓步；同时，身体微左转，右拳向前打出，臂直与胸平，右拳眼向上；左掌置于右肘里侧，掌心向右，掌尖向上。目视前方。（图8-4～图8-6）

图8-4

图8-5

图8-6

【要点】

（1）迈步要轻灵平稳，上体要自然中正。

（2）右拳收回时，前臂要慢慢内旋划弧，然后再外旋向前搬出，随即收至右腰旁。

（3）右拳打出时，右肩要随打拳略向前引，沉肩垂肘，右臂要微屈。

（4）弓步时，两脚跟的横向距离，约为10厘米。

九、如封似闭

【练法】

1. 封掌后坐

左掌由右腕下向前穿出，右拳变掌，两掌心向上。随即，两掌向下收于胸前，掌尖斜向上；同时，重心后移，身体后坐，右腿弯曲，左腿微直，成左虚步。目视前方。（图9–1、图9–2）

图9–1

图9–2

2. 弓步按推

右脚蹬地，重心前移，左腿屈膝前弓，右腿伸直，成左弓步；同时，两臂内旋使两掌向前按出，两掌心向前，掌尖向上，两腕高与肩平。目视前方。（图9–3、图9–4）

图9–3

图9–4

【要点】

（1）身体后坐时，须松腰、沉胯，上体不可后仰，臀部不要外凸。

（2）两臂随身体后坐时，肩、肘略向外松开，两手按出不要超过两肩的宽度。

十、斜飞式

【练法】

1. 转身运臂

身体右转，重心后移，左脚尖内扣踏实；以右脚掌为轴，脚跟内旋，成右虚步；同时，右掌由前向上、向后弧形运转至腹前，掌尖斜向下；左掌由前向上弧形运转至胸前，掌心向下，掌尖向右。目视右前方。（图10–1、图10–2）

图10–1

图10–2

2. 弓步斜分

右腿屈膝提起，身体右转，右脚向右前方迈步，先以脚跟着地，然后全脚踏实，右腿屈膝前弓；左腿伸直，成右弓步；同时，两掌右上、左下弧形分举。右臂伸直，掌心向上，掌尖向右前上方；左掌置于左胯外侧，掌心向下，掌尖向前，左臂微屈。目视右前方。（图10-3 ~ 图10-5）

图10-3

图10-4

图10-5

【要点】

（1）转身迈步，要轻灵稳健。

（2）左右移动重心时，要松腰、沉胯，待重心平稳后，再提腿迈步。

（3）右手向右前方挒出时，要由腰而肩，而肘，而手，节节贯串。

十一、肘底捶

【练法】

1. 回身合抱

身体左转，重心左移，右脚内扣踏实，随即，身体微右转，重心移至右腿；左脚跟提起，收至右脚旁；同时，右掌弧形向左移至右胸前，掌心向下；左掌翻转移至右腹前，掌心向上，两掌心上下相对，臂成半圆形。目视右前方。（图11-1、图11-2）

图11-1

图11-2

2. 转体抹掌

身体左转，左腿屈膝提起，左脚向右脚前迈步踏实，随即，右脚向左脚后落步；同时，两掌向左弧形平抹，左掌置于左腰侧，掌心向下，掌尖向前；右掌置于身体前方，掌心斜向上，掌尖向前，高与鼻平。目视前方。（图11–3、图11–4）

图11–3

图11–4

3. 虚步藏捶

重心后移至右腿，左脚跟着地，成左虚步；同时，左掌从右臂里侧向前穿举，掌心向右，掌尖向上，高与鼻平；右掌变拳回收于左肘内侧，拳心向内，两臂均成半圆形。目视前方。（图11–5、图11–6）

图11-5

图11-6

【要点】

（1）左脚迈步，站稳后再迈右脚。

（2）左掌前穿时，身体重心在右腿。

（3）迈步和两臂的左右运转，要与身体左右转动协调一致。

十二、倒卷肱

【练法】

1. 转体撤手（右）

右拳变掌，掌心翻转向上，随上体右转经腹前由下向后上方弧形平举，右臂微屈，掌心斜向上；左掌随即翻转，掌心向上。目随转体向后看。（图12-1、图12-2）

图12-1

图12-2

2. 虚步推掌（右）

右臂微屈，右掌经右耳侧向前推出，掌心向前，掌尖向上；左臂屈肘后撤至左肋外侧，掌心向上；同时，身体左转，左脚轻轻提起，向后（偏左）侧退一步，先前脚掌着地，然后慢慢踏实，重心移至左腿上；右脚随转体，以脚跟为轴转正，成右虚步。目视前方。（图12-3、图12-4）

图12-3

图12-4

3. 转体撤手（左）

上体微左转，左掌随转体向后上方弧形平举，掌心向上。目视左后方。（图12-5）

图12-5

4. 虚步推掌（左）

左臂屈肘，左手经左耳侧向前推出，掌心向前，掌尖向上；右掌心翻转向上撤至右肋侧；同时，身体右转，右脚轻轻提起，向后（偏右）侧退一步，先前脚掌着地，然后慢慢踏实，重心移至右腿上；左腿随转体，以脚跟为轴自然转正，成左虚步。目视前方。（图12-6、图12-7）

图12-6

图12-6附图

图12-7

【要点】

（1）两掌要走弧线，注意转腰、松胯。

（2）两掌速度要一致，避免僵硬。

十三、左右穿梭

【练法】

1. 叉步抱球

身体重心后移，左脚尖内扣踏实，身体向右后转，随即重心移至左腿，右腿收回屈膝提起，随即脚跟落地；同时，右掌向上、向右后上方弧形合抱，掌心向下，两掌心相对，两臂均成半圆形。目视左前方。（图13–1、图13–2）

图13–1

图13–2

2. 弓步架推

重心前移，左腿屈膝提起，左脚向左前方迈步，先以脚跟着地，然后全脚踏实，左腿屈膝前弓，右腿伸直，成左弓步；同时，左掌向左前方弧形上架至头左上方，掌心翻转斜向上；右掌由上向下、向左前方弧形推举，掌心向前，掌尖向上，两臂均成半圆形。目视左前方。（图13-3～图13-5）

图13-3

图13-4

图13-5

3. 收脚抱球

身体微右转，随即，身体左转，重心前移，右脚跟提起；同时，右掌随转体先向右平抹，再向左抄举于身体左前方，掌心向上；左臂微下落，两掌心相对，两臂均成半圆形。目视左前方。（图13-6、图13-7）

图13-6

图13-7

4. 弓步架推

右脚向右前方迈步，先以脚跟着地，然后全脚踏实，右腿屈膝前弓，左腿伸直，成右弓步；同时，右掌向右上弧形架举于头右上方，掌心斜向上；左掌向下、向右前方推出，高与胸平，掌心向前，掌尖向上，两臂微屈。目视右前方。（图13-8、图13-9）

图13-8

图13-9

图13-9附图

【要点】

（1）上体保持自然中正。

（2）左、右掌向上架举时，不要引肩或耸肩抬肘。

（3）前推动作要与松腰、弓腿协调一致。

十四、左右野马分鬃

【练法】

1. 提踵合抱

身体微左转，随即，身体微右转，重心前移，左腿屈膝提起；同时，左掌弧形向左平抹，随即，向右下抄举于右腹前，掌心翻转向上；右掌微下落，两掌心相对，两臂均成半圆形。目视右前方。（图14-1、图14-2）

图14-1

图14-2

2. 弓步分靠（左）

身体左转，左脚向左前方迈步，先脚跟着地，然后全脚踏实，左腿屈膝前弓，右腿伸直，成左弓步；同时，左掌向左前方分举，掌心斜向上，高与肩平；右掌按于右胯外侧，掌心向下，两臂均成半圆形。目视左前方。（图14-3、图14-4）

图14-3

图14-4

图14-4附图

3. 提踵合抱

身体微左转，重心前移，右腿屈膝提起；同时，左臂内旋，掌心翻转向下，高与肩平；右掌微向下移，两掌心相对。目视左前方。（图14-5）

图14-5

4. 弓步分靠（右）

右脚向前方迈步，先以脚跟着地，然后全脚踏实，右腿屈膝前弓，左腿伸直，成右弓步；同时，右掌向前分举，掌心斜向上，高与胸平；左掌按于左胯外侧，掌心向下，两臂均成半圆形。目视前方。（图14-6、图14-7）

图14-6

图14-7

【要点】

（1）上体正直，胸部宽松舒展。

（2）两臂分开时，要保持弧形。身体转动时，要以腰为轴。

（3）弓步动作与分手的速度要一致。分手时，向上的手臂要有向外靠的意念。

十五、云手

【练法】

1. 收脚云手

身体左转，左掌由下向前、向上、向左侧方弧形运转，掌心斜向左前方，掌尖向左侧上方；右掌向下、向左弧形运转经腹前至左肘内侧，掌心斜向左上，两臂均成半圆形；同时，重心移于左腿，右脚向左脚内侧移步，两腿弯曲，成小开立步。目视左侧方。（图15–1 ~ 图15–3）

图15–1

图15–2

杨式四十式太极拳

1-9式

10-14式

15-23式

24-40式

杨式四十式太极拳 正面

杨式四十式太极拳 背面

图15-3

2. 开脚云手

身体右转，右掌由左向上、向右弧形运转，经脸前至右侧方，掌心斜向前，掌尖向上；左掌向下、向右弧形运转，经腹前至右肘内侧，掌心斜向右上，两臂均成半圆形；同时，重心移于右腿；左脚向左横开步，前脚掌着地，脚跟提起。目视右前方。（图15-4、图15-5）

图15-4

图15-5

上述动作重复。（图15-6～图15-11）

图15-6

图15-7

图15-8

图15-9

图15-10

图15-11

【要点】

（1）身体转动时，要以腰为轴，松腰、松胯，不可忽高忽低。

（2）两臂随腰的转动而运转，要自然圆活，速度要缓慢均匀。

（3）下肢移动时，身体重心要稳定。

十六、单鞭

【练法】

1. 勾手提脚

云手重复做5次之后，右掌运转至身体右侧上方变勾手；左掌运至右臂内侧；身体左转，左腿屈膝，左脚点地。（图16-1、图16-2）

图16-1

图16-2

2. 弓步推掌

左脚向左迈步，先以脚跟着地，然后全脚踏实，左腿屈膝前弓，右腿伸直，成左弓步；左掌向左侧方推出，掌心向左，掌尖向上。目视左前方。（图16–3、图16–4）

图16–3

图16–4

【要点】

上体自然中正、平稳，双肩要下沉，右肘微下垂。

十七、高探马

【练法】

虚步探掌

重心前移，右脚向左脚跟半步，随即，重心后移，左脚脚尖点地，脚跟提起，成左虚步；同时，右勾手变掌，右臂回屈，右掌经右耳侧向前探出，掌心向下，掌尖斜向左前方；左掌翻转，掌心向上，左臂回屈，抽于腹前，掌心向上。目视前方。（图17–1～图17–4）

图17–1

图17–2

图17-3

图17-4

【要点】

（1）上身自然中正，双肩下沉，右肘微下垂。

（2）跟步移换重心时，身体不要有起伏。

十八、右蹬脚

【练法】

1. 上步合手

身体左转，左掌由左向前、向右经右臂下向里弧形抹转至右胸前，掌心斜向里；右掌自右向里、向左经左臂上侧弧形前抹，掌心斜向左，随之两掌继续再抹转半圆，两掌交叉，右掌在外；同时，左腿屈膝提起，左脚向左前方迈步，先以脚跟着地，然后全脚踏实；右腿屈膝提起。目视右前方。（图18-1～图18-4）

图18-1

图18-2

图18-3

图18-4

图18-4附图

2. 蹬脚分掌

右脚以脚跟为力点向右前蹬出，脚尖向上，高与胯平；同时，两掌向左右弧形分开，掌心向外，掌尖向上，腕部高与肩平。目视右前方。（图18–5）

图18–5

图18–5附图

【要点】

（1）身体要正直稳定，沉肩垂肘。

（2）蹬脚时，左腿微屈，右臂与右腿须上下相对，分手与蹬腿动作协调一致。

十九、双峰贯耳

【练法】

1. 勾腿落手

右腿回屈；左掌翻转，掌心向上，由左向前、向右弧形运转至右膝里上侧；右掌翻转，掌心向上，收至右膝外上侧，两臂稍屈。目视右前方。（图19-1）

图19-1

2. 弓步双贯

右脚向右前方落步，先以脚跟着地，然后全脚踏实，右腿屈膝前弓，左腿伸直，成右弓步；同时，两掌变拳由两侧弧形向右前贯击，拳眼相对，高与耳平，两臂均成半圆形。目视右前方。（图19-2、图19-3）

图19-2

图19-3

【要点】

（1）完成贯拳时，头颈须自然中正，含胸拔背，沉肩垂肘，两臂保持弧形。

（2）落脚弓步与贯拳要协调一致。

二十、左分脚

【练法】

1. 分掌落手

身体重心微后移；同时，两拳变掌经两侧向下弧形分开，掌心向下。目视前下方。（图20-1）

图20-1

2. 分脚撑掌

重心前移，左腿屈膝提起；两掌交叉合抱于胸前，左掌在外，掌心在里。随即，两掌向左右弧形分举，掌心均向外，掌尖向上，两腕与肩同高；同时，左脚向左侧方分举，脚面自然绷平。目视左侧方。（图20-2、图20-3）

图20-2

图20-3

【要点】

（1）身体要中正稳定，沉肩垂肘。

（2）分脚时，右腿微屈，左臂和左腿须上下相对，分掌与分脚动作要协调一致。

二十一、转身蹬脚

【练法】

1. 丁步合手

左腿回屈，左脚随转体自左而前右摆，下落于右踝旁，先脚尖着地，随着重心渐渐移于左腿而至全脚踏地；右脚跟离地，以右脚掌为轴，身体迅速向右后转。随即，左腿微下蹲，右脚提起；同时，两掌随转体自左右向胸前合抱交叉，右掌在外，掌心皆向里。目随转体平视转移。（图21-1～图21-3）

图21-1

图21-2

图21-3

图21-3附图

2. 蹬脚撑掌

右腿屈膝提起，随即，以右脚跟为力点向右侧方蹬出，脚尖向上；同时，两掌向两侧弧形分开，掌心向前，掌尖向上。目视右侧方。（图21-4、图21-5）

图21-4

图21-5

【要点】

与“右蹬脚”相同。

二十二、海底针

【练法】

虚步插掌

右腿回屈，身体右转，右脚向左脚后落步，先以脚尖着地，然后全脚踏实，随即，重心移于右腿；左脚移至右脚前，脚尖着地，成左虚步；同时，右掌由前向下、向后、再向上弧形向前下方插掌，掌心向左，掌尖向前下方；左掌由后向左弧形按于左膝外侧，掌心向下，掌尖向前。目视前下方。（图22-1 ~ 图22-4）

图22-1

图22-2

图22-3

图22-4

图22-4附图

【要点】

（1）身体要先向右转，再向左转。

（2）完成姿势后，上体不可太前倾，避免低头和臀部外凸，左膝要微屈。

二十三、闪通臂

【练法】

弓步架推

上体直起并向右转，左脚向前迈步，先以脚跟着地，然后全脚踏实，左腿屈膝前弓；右腿伸直，成左弓步；同时，右臂内旋，右掌举于头右前上方，掌心向外，臂成半圆；左掌向前推举，左臂微直，掌心向前，掌尖向上。目视前方。（图23-1～图23-3）

图23-1

图23-2

图23-3

【要点】

（1）上体要自然中正，松腰沉胯。

（2）左臂不要完全伸直，但臂部肌肉要展开。

（3）推掌、架掌和弓步动作要协调一致。

二十四、白蛇吐信

【练法】

1. 转身握拳

重心后移于右腿，左脚尖翘起内扣踏实，身体右转，随之重心再移至左腿，右腿屈膝提起；同时，右掌变拳随转体向右、向下弧形运至腹前，拳心向下；左掌向上、向右弧形运至右前臂上侧，掌心向下。目视右前方。（图24–1、图24–2）

图24–1

图24–2

2. 弓步推掌

身体继续右转，右脚随即向右前方迈出一步，先脚跟着地，然后全脚踏实，右腿屈膝前弓；左腿伸直，成右弓步；同时，右拳变掌向右前、向下弧形运至右腰侧，掌心向上，掌尖向前；左掌由上向下顺右臂向右前方推出，掌心向前，掌尖向上，左臂微直。目视右前方。（图24–3、图24–4）

图24–3

图24–4

图24–4附图

【要点】

（1）身体要自然中正。

（2）左掌前推时，要向右前略带弧形，注意沉肩垂肘，左臂不要伸直。

（3）转体迈步要轻灵稳健；弓步与推掌要协调一致。

二十五、右拍脚

【练法】

1. 歇步合手

重心前移，左腿屈膝提起，随即，左脚向右前方迈步，脚尖外撇，两腿屈膝交叉，右脚跟提起；同时，右掌顺左臂向右前、向下弧形向里抹转一周，两掌交叉于胸前，左掌在里，掌心斜向里。目视右前方。（图25-1～图25-3）

图25-1

图25-2

图25-3

2. 独立拍脚

右腿屈膝提起，随即，右脚向右前上方摆踢，脚面自然绷平；同时，两掌向上、向左右分举，右掌拍击右脚面；左掌侧举于左后方，掌心向下。目视右前方。（图25-4、图25-5）

图25-4

图25-5

【要点】

（1）拍脚前，两臂动作要与上步协调配合，不可前后脱节，也不要挺胸直臂。

（2）拍脚时，支撑腿微屈站稳，拍脚高度因人而异，不可弯腰憋气或强求高度。

二十六、左右伏虎式

【练法】

1. 落脚举掌

右脚落于左脚里侧；左掌向前、向右弧形举于身体右前方，两臂微屈，两掌心斜相对。目视右前方。（图26–1）

图26–1

2. 弓步架贯（左）

左脚向左后撤步，脚掌着地，身体左转，左脚跟内转踏实，左腿屈膝前弓；右腿伸直，成左弓步；同时，两掌向斜下捋，向左弧形运转。左掌变拳架于头左上方，拳心斜向上，拳眼向下；右掌变拳举于左肋旁，拳心向里，拳眼向上。目视右前方。（图26-2 ~ 图26-4）

图26-2

图26-3

图26-4

3. 后坐落掌

重心后移，右腿屈膝，左腿伸直；同时，两拳变掌稍下落，左掌心斜向下，右掌心斜向上。目视左前方。（图26–5）

图26–5

4. 弓步架贯（右）

重心左移，身体右转，右腿屈膝提起，随即，右脚向前迈步，先脚跟着地，然后全脚踏实，右腿屈膝前弓；左腿伸直，成右弓步；同时，两掌向下、向右弧形运转。右掌变拳架于头右前上方，拳心向前，拳眼向下；左掌变拳置于右肋旁，拳心向里，拳眼向上，两臂均成半圆，两拳眼相对。目视前方。（图26–6 ~ 图26–8）

图26-6

图26-7

图26-8

【要点】

（1）转身迈步，要轻灵稳健。迈步前支撑腿站稳，然后再迈步，先脚跟着地，再慢慢过渡到全脚。

（2）两臂要保持半圆形，胸肌要放松。

（3）弓步时，要松腰、松胯。

（4）迈步、架拳和弓步要协调一致。

二十七、右下式

【练法】

仆步穿掌

身体左转，左脚尖稍外撇，重心后移，左脚屈膝下蹲；以右脚掌为轴，右脚跟稍外蹬，右腿伸直，成右仆步；同时，左拳变掌由前向下、向后弧形运至左后方，随即变勾手；右拳变掌由前向上、向里经右胸向下沿右腿里侧向前穿出，掌心向左，掌尖向前，上体微前伏。目视前下方。（图27-1 ~ 图27-3）

图27-1

图27-2

图27–3

【要点】

下蹲成仆步时，可根据自己身体条件，屈腿可全蹲，也可半蹲，两脚全脚掌着地。

二十八、金鸡独立

【练法】

1. 弓步起身

左脚蹬地，重心前移，右腿屈膝前弓，左腿伸直，成右弓步；同时，身体直起，右掌向前穿举，掌尖斜向前，掌心斜向下。目视前方。（图28-1）

图28-1

2. 独立挑掌（左）

重心前移，左腿屈膝提起；同时，左勾手变掌由后向下、向前弧形举于体前，左臂微屈，掌尖向上，掌心向右，左肘与左膝上下相对；右掌由前向下弧形按于右胯旁。目视前方。（图28-2、图28-3）

图28-2

图28-3

图28-3附图

3. 独立挑掌（右）

左脚落于右脚里侧，随之右腿屈膝提起；同时，左掌下落至左腿外侧，掌心向下，掌尖向前；右掌由下向前弧形挑举于前方，右臂微屈，掌心向左，掌尖向上，右肘与右膝上下相对。目视前方。（图28-4、图28-5）

图28-4

图28-5

【要点】

支撑腿微屈，上体要自然中正。

二十九、指裆捶

【练法】

1. 落脚抹掌

右脚向前迈步，右脚尖外撇，随即，重心前移，左脚跟提起；同时，右掌向前、向下弧形运至右腰间变拳，拳心向上；左掌由左向前弧形平抹，掌心向下，掌尖向右。目视前方。（图29-1、图29-2）

图29-1

图29-2

图29-2附图

2. 弓步指裆

左脚向前迈步，先以脚跟着地，然后全脚踏实，左腿屈膝前弓；右腿伸直，成左弓步；同时，左掌微向左搂举，臂成半圆，掌心向下，掌尖向前；右拳向前下方打出，右臂微屈，拳眼向上。目视前下方。（图29-3、图29-4）

图29-3

图29-3附图

图29-4

【要点】

（1）完成姿势后，上体要保持自然中正，松腰、沉胯，右臂不要伸直。

（2）上步、搂手与打拳、弓步要协调一致。

三十、揽雀尾

【练法】

身体重心略向后移，左脚尖外撇，身体微左转；右脚提起，准备上步；右拳变掌向左捋，掌心向后；左掌向左弧形上移至体前，高与左肩平，掌心向下，掌尖向前。目视前方。（图30-1、图30-2）

图30-1

图30-2

以下动作与前面的“揽雀尾”相同。（图30-3～图30-12）

图30-3

图30-4

图30-5

图30-6

图30-7

图30-8

图30-9

图30-10

图30-11

图30-12

【要点】

同前“揽雀尾”。

三十一、单鞭

练法及要点与前面的“三、单鞭”相同。（图31-1～图31-5）

图31-1

图31-2

图31-3

图31-4

图31-5

三十二、左下式

【练法】

仆步穿掌（左）

身体右转，右脚尖稍外撇，重心后移，右腿屈膝下蹲；以左脚掌为轴，左脚跟稍外蹬，左腿伸直，成左仆步；同时，左掌由前向上、向里经左胸、向下沿左腿里侧向前穿举，掌心斜向右，掌尖向前。目视前下方。（图32-1～图32-3）

图32-1

图32-2

图32-3

【要点】

与“右下式”相同。

三十三、上步七星

【练法】

虚步交拳

右脚蹬地，重心前移，左腿屈膝前弓，右腿伸直，成左弓步；随后左脚尖稍外撇，身体重心逐渐前移至左腿，身体起立；右脚向前迈出半步，脚尖点地，成右虚步；同时，右勾手变拳由后收回腰间，继续向前弧形抄举；左掌变拳，在胸前与右拳交叉，成十字拳。右拳在外，拳心向前；左拳在里，拳心向里。目视前方。（图33-1～图33-3）

图33-1

图33-2

图33-3

【要点】

两拳交叉时，腕部相贴，两臂要撑圆，胸肌要放松。

三十四、退步跨虎

【练法】

退步分手

右脚后退一步，重心逐渐移至右腿；左脚移至右脚前，前脚掌着地，成左虚步；同时，两拳变掌向下、向两侧弧形分开，右掌举于头右上方，掌心向外，掌尖向上；左掌按于左胯外侧，掌心向下，掌尖向前。目视前方。（图34-1、图34-2）

图34-1

图34-2

图34-2附图

【要点】

完成姿势后，两肩要平，胸部要松宽，两掌向外撑劲。

三十五、转身摆莲

【练法】

1. 踾脚摆掌

身体右转，左掌由左胯旁向左、向前上方弧形举于体前，掌心向下；右掌由上向右、向下弧形举于右肩前（掌心向下），随即，沿左臂上侧向前、向右弧形移于身体右侧方，掌心向下；同时，以左前脚掌为轴，左脚跟外展，右脚尖外撇。目视右前方。（图35-1、图35-2）

图35-1

图35-2

2. 转身上步

身体右后转，左脚向右脚前方上步。两脚随转体自然转动，身体重心落在左腿；右腿微屈，成右虚步；同时，两掌随转体向右后平形运转，右掌移于身体右前方，掌尖向上，掌心斜向右前方；左掌置于右前臂里侧，掌心向下。目视右前方。（图35-3～图35-5）

图35-3

图35-4

图35-4附图

图35-5

3. 摆腿拍脚

身体微左转，右腿屈膝提起，随即，右脚面绷平，向左、向上、向右弧形摆踢（腿自然伸直）；同时，两掌自右向左弧形拍击右脚面（先左后右）。目视两掌。（图35-6）

图35-6

【要点】

（1）转身迈步和移动重心，要灵活稳健。

（2）摆腿时，右腿弧形上摆，上体可微向前迎，但不可紧张。

三十六、弯弓射虎

【练法】

弓步架冲

右脚向右侧方落地，随之身体右转，两脚原地转动，右腿屈膝侧弓，左腿伸直，成右弓步；同时，两掌自左向下、向右弧形运转，继之变拳，右拳架于头右上方，拳心向外；左拳由胸前向左前方打出，拳眼斜向上，两拳眼相对。目视左前方。（图36-1～图36-3）

图36-1

图36-2

图36-3

图36-3附图

【要点】

（1）两掌向后摆动时，上体和头部要随着转动，眼先向右看，再向左看。

（2）完成姿势后，身体要自然中正，两臂要保持半圆形。

三十七、搬拦捶

【练法】

1. 转体搬拳

身体左转，左脚尖外撇，重心移至左腿；右脚向前迈步，脚尖外撇；同时，右拳向左下向里、向上弧形向前搬出；左拳变掌自前而下弧形移至胸前，掌心向右，掌尖向上。目视前方。（图37-1～图37-3）

图37-1

图37-2

图37-2附图

图37-3

2. 拦掌打捶

左脚向前迈步，以脚跟着地；同时，右拳收回腰际，左掌向前探出。接着，左脚全脚踏实，左腿屈膝前弓；右腿伸直，成左弓步。同时，身体稍左转，右拳向前打出，臂直与胸平，右拳眼向上；左掌置于右肘里侧，掌心向右，掌尖向上。目视前方。（图37-4～图37-6）

图37-4

图37-5

图37-6

【要点】

同前“搬拦捶”。

三十八、如封似闭

练法和要点与前面的“如封似闭”相同。（图38-1 ~ 图38-4）

图38-1

图38-2

图38-3

图38-4

三十九、十字手

【练法】

1. 转身展掌

身体右转，左脚尖内扣踏实，右腿屈膝侧弓，左腿伸直；同时，右掌由左向上、向右弧形运转至身体右侧，掌心斜向外，掌尖向上，两臂成弧形。目视右前方。（图39–1）

图39–1

2. 收脚合手

身体左转，重心移至左腿，右脚向左脚移步，成小开立步；同时，两掌向下、向里弧形交叉抱于胸前，右掌在外，两掌心向里。目视前方。（图39–2 ~ 图39–4）

图39-2

图39-3

图39-4

【要点】

（1）两掌分开和合抱时，上体不要前俯。

（2）右脚收回时，脚尖先着地，然后全脚着地踏实。

（3）身体保持自然中正，头要微向上顶，下颚稍向后收。

（4）两臂环抱时，须圆满舒适，沉肩垂肘。

四十、收势

【练法】

并脚合步

两掌向外翻转，掌心向下，掌尖向前；随即，下落于两腿外侧，掌尖下垂。左脚向右脚靠拢，并步站立。目视前方。（图40–1、图40–2）

图40–1

图40–2

【要点】

并步还原，左脚轻轻提起与右脚并拢，脚前掌先着地，随之全脚踏实。

运动健康100分
YunDongJianKang100Fen

杨式四十式太极拳

建议上架类别：体育/运动 武术

ISBN 978-7-5009-5739-3

责任编辑／朱晓峰
内容编辑／高 翔
美术编辑／刘 泉
技术编辑／刘艾兰

关注更多图书请扫码

定价：27.00元